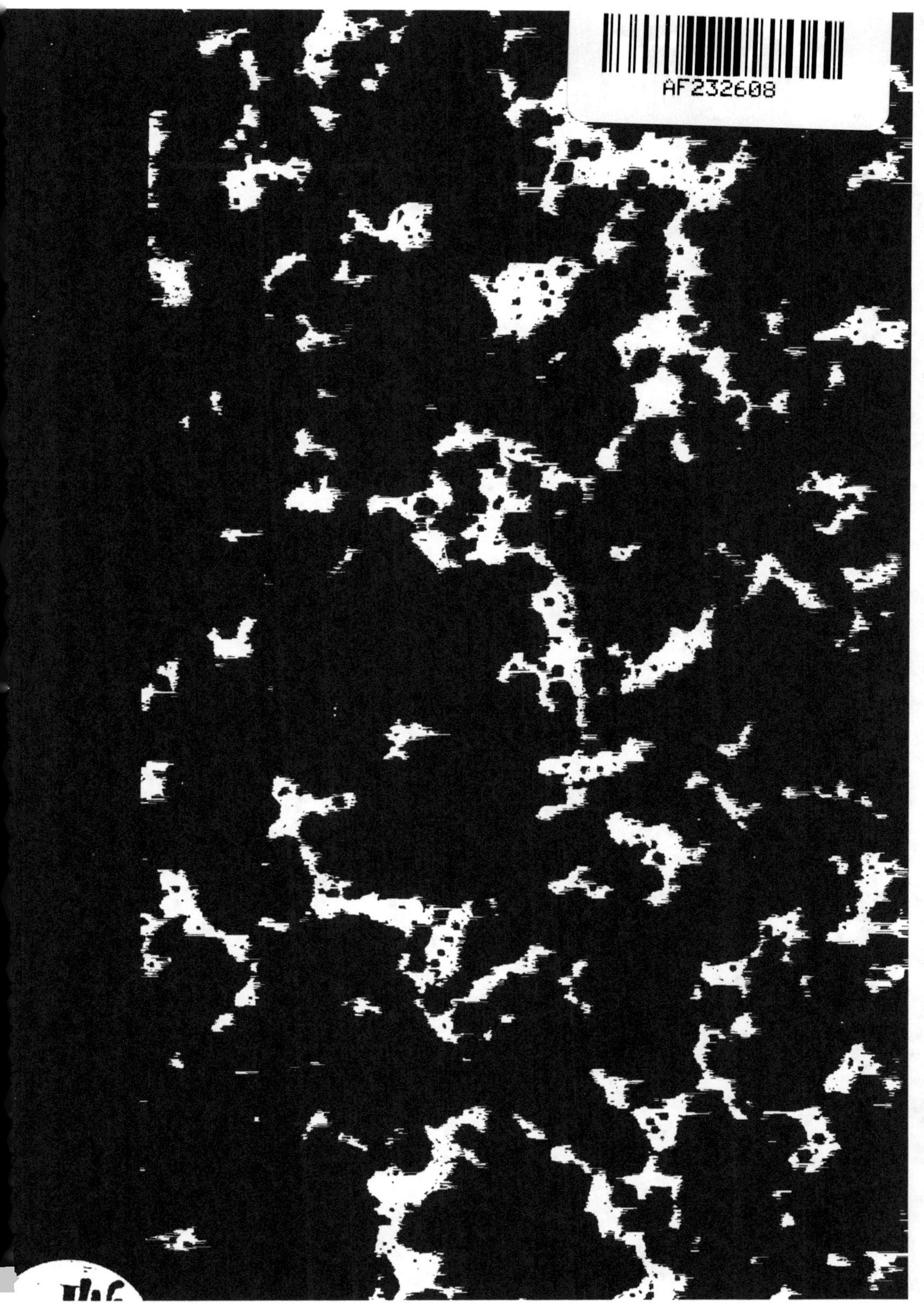

OPINION
D'UN FRANÇAIS

SUR

L'ACTE ADDITIONNEL

AUX

CONSTITUTIONS DE L'EMPIRE,

ET SUR LES DÉCRETS Y RELATIFS.

Quid verum, atque decens, curo et rogo, et omnis in hoc sum.
HORAT. lib. I, ep. 1, v. 11.

PARIS,

DELAUNAY, LIBRAIRE, AU PALAIS-ROYAL,
GALERIE DE BOIS.

1ᵉʳ MAI 1815.

OPINION

D'UN FRANÇAIS.

LE 22 avril 1815, un Acte additionnel aux Constitutions françaises a été arrêté par l'empereur Napoléon.

Le même jour, il a rendu un décret portant que, *deux jours au plus tard* après la réception du Bulletin des lois, des registres seront ouverts pour consigner les votes des Français sur cet Acte additionnel, et qu'ils le resteront pendant *dix jours*.

Le Bulletin des lois a paru dès le 24 avril, à Paris, de manière que le 26 *au plus tard*, les registres ont dû être ouverts, et seront conséquemment fermés le 6 mai dans cette capitale.

Jamais un terme aussi court ne fut accordé pour examiner un acte plus important ; et comme ici les minutes deviennent précieuses, nous n'en perdrons pas à faire sentir ce que ces circonstances ont d'extraordinaire : les faits parlent assez.

Cet acte commence par ces mots :

« NAPOLÉON, par la grace de Dieu et
« les Constitutions, Empereur des Fran-
« çais, etc...... »

Une réflexion importante se présente ici : ou
les Constitutions de l'Empire n'ont jamais cessé
d'exister ; et alors tout ce qui a été fait depuis la
sortie de France de Napoléon est nul ; et il n'est
pas un mariage, pas un jugement, pas un acte
notarié, pas un acte civil qui ne soient nuls ; i
n'est pas un juge, pas un fonctionnaire qui ne
soient un prévaricateur ; pas un seul Français qu
ne soit un rebelle, puisque tous ont vécu et ag
sous le gouvernement et les lois de Louis XVIII

Ou bien les constitutions ont cessé d'exister
soit lors du sénatus-consulte qui a prononcé la
déchéance de Napoléon, soit lors du traité du
11 avril 1814, signé par les ministres de Napoléon, le maréchal Ney et le duc de Vicence, e
ratifié par lui, par lequel il est dit, article 1.er
« S. M. l'empereur Napoléon renonce pour lui
« ses successeurs et descendans, ainsi que pou
« tous les membres de sa famille, à tout droi
« de souveraineté et de domination, tant su
« l'empire français que sur le royaume d'Italie
« et tout autre lieu.»

(5)

Ou bien le terme de l'existence des Constitutions a eu lieu le 28 avril 1814, jour auquel l'empereur Napoléon a quitté le territoire français pour se rendre à l'île d'Elbe, sur la frégate anglaise *the Untaunted*.

Ou encore les Constitutions ont cessé d'exister par la mise en activité de la charte constitutionnelle; ou bien enfin, elles ont été anéanties par la déclaration faite par l'empereur Napoléon, lors de son débarquement dans l'île d'Elbe, le 3 mai 1814, au général français *Delesme*, gouverneur de cette île, et dont voici les termes consignés dans la proclamation publiée par ce général, le 4 mai : « Général, j'ai *sacrifié mes* « *droits* aux intérêts de la patrie, et je me suis « *réservé* la propriété et la souveraineté de l'île « d'Elbe, etc..... »

L'empereur Napoléon a si bien senti que sa résidence dans l'île d'Elbe le faisait dès lors considérer uniquement comme souverain de cette île, qu'il a stipulé, par l'art. 18 du traité du 11 avril, que « aucuns Français qui l'auraient suivi, ou sa « famille, ne seraient censés avoir perdu leurs « droits de Français. »

Dans l'un ou l'autre des différens cas que nous venons d'établir, les Constitutions de l'empire ont donc cessé d'exister, le contrat social qu'elles

contenaient a été dissous, et, pour le renouveler, il faut en former un nouveau.

L'empereur Napoléon est, par le fait, chef
actuel du gouvernement français ; mais il a cessé
de l'être par le droit, puisque le droit résultait
des Constitutions dont l'existence a fini au mois
d'avril 1814.

Si le gouvernement de Louis XVIII a cessé
par sa sortie du territoire français, la nation est
rentrée dans son droit de choisir son chef, et ce
droit ne peut lui être contesté.

Il deviendrait donc indispensable que l'acte
additionnel devînt l'acte constitutionnel de la
France, et établît le mode d'élection du chef de
son gouvernement.

Passons maintenant à l'examen, ou plutôt au
coup d'œil rapide que la brièveté du temps permet à peine de jeter sur le contenu de cet acte.

Dispositions générales.

L'article 1er. porte : « Les Constitutions de
« l'empire, nommément l'Acte constitutionnel
« du 22 frimaire an 8, les sénatus-consultes des
« 14 et 16 thermidor an 10, et celui du 28 floréal
« an 12, seront modifiés par les dispositions qui
« suivent ; toutes leurs autres dispositions sont
« confirmées et maintenues. »

Il résulte de cet article que, non seulement l'Acte constitutionnel du 22 frimaire an 8, et les sénatus-consultes précités, sont maintenus, sauf les modifications qu'y apporte l'Acte additionnel, mais encore que *tous les autres sénatus-consultes* et autres actes qui régissaient l'empire avant 1814 sont en vigueur; ce qui est annoncé par le préambule de l'acte que nous examinons.

Ainsi la France, par l'acceptation de l'Acte additionnel, se trouverait régie, 1°. par l'Acte constitutionnel de l'an 8; 2°. par le sénatus-consulte organique du 18 mars 1804, accepté par le peuple, et qui porte Napoléon à l'empire; 3°. par les autres sénatus-consultes organiques, dont le nombre est considérable et dont le contenu, inconnu à presque tous les Français, se trouve souvent en opposition avec l'Acte constitutionnel de l'an 8, 4°. et enfin par l'Acte additionnel de 1815.

Faute de tems, nous laissons à tous les Français le soin de réfléchir sur une semblable organisation, sur la confusion qu'elle entraînerait dans les idées et les actions de chaque citoyen, dans les jugemens des tribunaux, et les décisions des fonctionnaires et des corps administratifs; et surtout, nous observerons combien cette confusion serait favorable à l'arbitraire, de la part des Ministres.

Conformément à l'article 4, le nombre des membres de la chambre des Pairs est illimité, nous n'avons point d'objection à présenter à cet égard, si ce n'est pour ce qui a rapport au traitement des Pairs, s'il en est fixé un. Dans ce cas les dépenses publiques croissant avec le nombre des Pairs, il paraîtrait nécessaire que le nombre de ceux d'entr'eux qui jouiraient d'un traitement, fût déterminé, et alors si le gouvernement jugeoit à propos de le dépasser, les derniers nommés ne jouiraient du traitement qu'à mesure des vacances qui s'opéreraient parmi les premiers.

Sans cette précaution le budget ne pourrait jamais être exact.

L'article 8 fixe à 25 ans l'âge des membres de la chambre des Représentans ; la législation ancienne de la France, et celle actuelle d'une grande partie des états d'Europe, n'admet la majorité qu'à l'âge de 25 ans ; comment donc confier les intérêts d'une nation entière, à un âge auquel l'on commence à peine à confier à chaque particulier ses propres intérêts ?

La nomination du Président de la chambre des Représentans doit, selon l'article 9, être soumise à l'approbation de l'Empereur.

Il peut être convenable aux intérêts de la Monarchie, que la présidence de la chambre des Pairs soit confiée à un grand dignitaire de l'État, ou soit abandonnée au choix du Monarque, mais il est du plus haut intérêt pour la Nation que la présidence des élus du peuple soit confiée à ses membres seuls ; l'indépendance de cette chambre tient essentiellement à cette prérogative, puisque par le droit d'approbation, stipulé par l'article 9, le Monarque aurait celui indirect de porter à la présidence de cette chambre, le représentant qu'il voudrait, au moyen de la faculté qu'il aurait de rejeter successivement tous les autres.

L'article 11 fixe l'indemnité des représentans, mais aucun article n'établit le mode de paiement de cette indemnité. Or il est important pour l'honneur comme pour l'indépendance des représentans du peuple Français, qu'ils ne soient astreints à aucune démarche ni formalité vis-à vis des ministres, pour le paiement de cette indemnité; il est indispensable d'ajouter à cet article une disposition qui tende à assurer cette indépendance. Cette disposition doit être Constitutionnelle.

Après les articles 14 et 15, qui portent qu'aucuns membres des deux chambres ne peuvent

être arrêtés pour dettes ni en matière criminelle
il paraîtrait convenable d'introduire un article
portant que les membres de ces deux chambre
ne pourront dans aucun temps, ni sous aucu
prétexte, être recherchés ni poursuivis pour rai
son des opinions, ou des votes par eux émis dan
ces chambres, et qu'ils ne pourront pas mêm
être mis en accusation pour ces opinions ou vote
par la chambre des représentans.

Après l'article 17 qui établit la compatibilité d
la qualité de Pairs et de Représentans avec tout
fonctions publiques, hors celles de comptable
nous croyons qu'il est du plus haut intérêt pour l
peuple Français, qu'il soit ajouté un article po
tant que, pendant l'exercice de leurs fonction
les membres de la chambre des représentans n
pourront recevoir du monarque ni pension, n
décoration, ni emploi quelconque, à l'exceptio
des places de ministres d'état. L'omission c
cette disposition laisserait aux ministres une tro
grande latitude pour séduire*et influencer d
hommes qui doivent être essentiellement les d
fenseurs des droits de la nation, nous proposero
dans un autre temps, des moyens de récompe
ser convenablement, et sans danger pour la n
tion, les défenseurs de sa cause.

Les art. 18 et 19, qui établissent les rappo

des ministres avec les chambres, laissent une lacune qu'il devient indispensable de remplir, attendu l'art. 46, qui établit que les ministres ne peuvent être appelés ni mandés par les chambres que pour leur fournir des explications dans le cas seulement de la mise en accusation de ces agens. En effet, les ministres ne peuvent être mandés hors ce cas. Il peut cependant être nécessaire, pour les chambres, d'obtenir des renseignemens de la part du gouvernement; il serait donc utile qu'un article dît que le président de chacune de ces chambres pourra, lorsque la chambre l'y autorisera, demander des renseignemens aux ministres, qui seront tenus d'y répondre verbalement ou par écrit.

L'art. 23 attribue au gouvernement seul la proposition de la loi, et l'art. 24 accorde seulement aux chambres la faculté d'inviter le gouvernement à proposer une loi. Cette faculté n'étant qu'une invitation pure et simple pour le gouvernement, lui laisse exclusivement l'initiative des lois; droit qui paraît attentatoire aux intérêts et à la diguité de la nation. Quel peut être, en effet, le danger d'accorder aux chambres le même droit qu'au gouvernement, de proposer des lois, puisque celui-ci peut toujours les rejeter? Il est juste que chacune des trois

parties du pouvoir législatif ait un droit égal à
cet égard.

Des Colléges électoraux, et du Mode d'élection.

Par l'article 27, qui forme le premier de ce
titre, les colléges électoraux sont maintenus tels
qu'ils existaient avant 1814; or, d'après les lois
en vigueur à cette époque, tous les membres de
la légion d'honneur étaient de droit membres de
ces colléges, au lieu de leur domicile.

Cette faculté semble au premier coup d'œil
n'être qu'un hommage rendu au courage ou aux
talens; mais, en l'envisageant de plus près, l'on
voit qu'il peut être funeste à la liberté publique; et d'abord un soldat qui a mérité sur le
champ de bataille cette récompense de sa valeur
peut n'avoir aucune des qualités nécessaires pour
les opérations confiées aux colléges électoraux
et souvent, en outre, il n'est pas propriétaire
et n'a pas par conséquent cet intérêt puissant
que la propriété donne.

Mais il est des dangers plus grands, par l'abus
que les ministres pourraient faire de ce droit. Le
Gouvernement pouvant à son gré augmenter le
nombre des membres de la légion d'honneur

et les choisir dans toutes les classes et tous les lieux de la France, l'on sent combien cette faculté pourrait devenir funeste dans les mains de ministres perfides.

L'article 29 porte qu'à dater de 1816, un membre de la chambre des Pairs sera désigné par l'Empereur pour président à vie, et inamovible de chaque collége électoral de département.

Ainsi, ceux chargés par la nation de choisir ses représentans et autres fonctionnaires, seront présidés, sur toute la surface de la France, par des membres de la chambre des pairs, qui posséderont ce droit pendant toute leur vie, et pourront même le transmettre à leurs enfans, ainsi que leur pairie. N'est-il pas attentatoire à la dignité et à l'indépendance des électeurs de la France d'être toujours présidés par un membre souvent pris hors de leur sein et sans leur participation ? Quelle influence ces présidens perpétuels ne pourraient ils pas acquérir sur ces assemblées, et combien leurs dignités, leurs fortunes personnelles et les moyens que le gouvernement pourrait mettre à leur disposition, ne leur offriraient-ils pas de facilités pour influencer les choix importans confiés à ces électeurs ?

Il paraît aussi juste que nécessaire de rendre

aux assemblées électorales de département, l
choix libre de leurs présidens.

Les représentans peuvent, au terme de l'ar
ticle 32, être choisis indifféremment dans tout
l'étendue de la France ; 1° l'on a omis d'exige
la condition d'être citoyen français ; 2° nous con
sidérons comme une disposition importante
celle qui établirait que, pour être membre de
deux chambres ou ministre d'état, il faudra
être né Français, sauf à laisser aux citoyens fran
çais nés hors du territoire, l'exercice de tous le
autres droits qui leur appartiennent à ce titre.

De l'Impôt.

L'article 34 porte que les impôts indirec
peuvent être votés pour plusieurs années ; n
serait-il pas nécessaire d'ajouter que le tern
en sera cependant déterminé par la loi ?

Le même article dit, « dans le cas de dissolu
« tion de la chambre des représentans, les in
« positions votées dans la session précédente so
« continuées jusqu'à la nouvelle réunion de
« chambre. »

D'après cet article, le gouvernement se r
serve la faculté de proroger, pendant six mo
au moins, les impôts décrétés pour un an. C

pendant, il pourrait arriver qu'un impôt ne soit consenti par lachambre que dans l'espoir qu'il ne durerait qu'une année. Or, malgré l intention du législateur, cet impôt continuerait d'abord pendant six mois jusqu'à la réunion de la chambre, et ensuite pendant tout le temps nécessaire à la formation de la loi. Le gouvernement ayant toujours le droit d'assembler la chambre des représentans, pourquoi ne prévoirait-il pas l'époque où l'impôt devrait cesser d'exister ?

Aucun impôt direct ou indirect ne peut, aux termes de l'article 35, avoir lieu qu'en vertu d'une loi.

Cette rédaction nous paraît trop vague ; il ne serait peut-être pas inutile d'ajouter après les mots : *aucun impôt direct ou indirect*, ceux, *général ou local.*

Le même article dit qu'aucune levée d'hommes pour l'armée ne peut être ordonnée qu'en vertu d'une loi ; le même vague se retrouve dans cette rédaction, et il est d'autant plus important de le faire disparaître qu'il s'agit ici de la disposition des personnes. L'article parlant seulement des levées d'hommes *pour l'armée ,* il en résulterait que des ministres astucieux pourraient éluder cet article, en faisant mettre à la disposition de l'un d'eux une portion ou même la totalité des gardes nationales, en alléguant pour prétexte que ce ne serait pas des levées *pour l'armée.*

Le passé et le présent ne sont pas de nature à rassurer sur ces inquiétudes.

Nous croyons que c'est ici le cas de présenter une observation non moins importante relativement à l'armée. L'acte additionnel que nous examinons en ce moment garde un silence absolu sur le mode de recrutement de l'armée, ce silence nous indique assez que l'on se propose de maintenir les lois précédentes sur cet objet.

La conscription est par sa nature une loi juste et utile puisqu'elle est égale pour tous, et présente le meilleur de tous les moyens d'alimenter l'armée ; mais on ne peut se dissimuler que les abus qui ont eu lieu dans cette branche importante de l'administration publique ont indisposé la France entière contre cette mesure , et que le mot de conscription est devenu odieux aux Français ; le meilleur moyen de prévenir ces abus, et de tranquilliser les familles à l'avenir nous paraît celui-ci : ce serait de rappeler d'abord cette institution, à son origine, en n'appliquant la conscription qu'à l'âge de vingt ans révolus; en second lieu, et surtout de déterminer le temps du service militaire auquel chaque Français serait tenu. Le terme de quatre ou cinq années/nous semble le plus convenable ; et nous regardons comme nécessaire à la sûreté et à la tranquillité de la population entière de la France, de déterminer cette fixation du taux du service militaire par un article constitutionnel ; l'on pourrait seulement prévoir le cas où l'expiration de ce terme arriverait pendant que l'armée se trouverait en présence de l'ennemi, afin d'empêcher la désorganisation qui pourrait en résulter.

Nous n'ignorons pas que l'on peut objecter que l'armée se trouvera ainsi privée de ses meilleurs soldats : mais d'abord les remplacemens n'auraient lieu que successivement ; en second lieu il est constant qu'une partie des militaires choisiraient librement la profession des armes, le caractère guerrier des Français en est un sûr garant ; en troisième lieu, l'on pourrait offrir des avantages aux militaires qui continueraient le service au-delà du terme fixé ; enfin, quand bien même cet inconvénient serait réel, celui de ne pas fixer de terme au service militaire serait encore plus insupportable.

Des Ministres et de la responsabilité.

Tout ministre et commandant de terre ou de

mer peut, d'après l'article 41, être accusé par la Chambre des Représentans, et jugé par celle des Pairs, pour avoir compromis *la sûreté ou l'honneur de la nation.*

Il résulte de là que les ministres et les commandans d'armée se trouveraient à l'abri de toute responsabilité pour tous les délits qui n'auraient pas précisément compromis la sûreté ou l'honneur de la nation ; il est évident que, d'après cette rédaction, la responsabilité des ministres serait presque entièrement illusoire : l'examen des articles suivans va nous en fournir de nouvelles preuves.

La Chambre des Pairs exerce à l'égard des ministres et des commandans d'armées un pouvoir *discrétionnaire*, soit pour caractériser *le délit,* soit pour *infliger la peine :* ainsi l'ordonne l'article 42.

Nous croyons que c'est la première fois que l'on propose d'accorder à des juges un pouvoir discrétionnaire, c'est-à-dire arbitraire, soit pour *caractériser les délits,* soit pour *les punir;* et lorsqu'un pouvoir semblable est déposé entre les mains des membres de la Chambre des Pairs, tous au choix du souverain, et par conséquent des ministres, et dont l'institution est plus spécialement affectée qu'aucune autre, au maintien des priviléges de la couronne, il est impossible de ne pas voir dans cette proposition, l'intention formelle de soustraire les ministres prévaricateurs à la vengeance nationale.

Cependant ces précautions n'ont pas paru suffisantes aux rédacteurs de l'Acte additionnel, qui sans doute espèrent devenir ministres, s'ils ne le sont déjà; ils exigent, par les articles 44, 45, 47 et 48, quatre délais successifs de dix jours chacun, avant la mise en accusation de ces hommes, objets de leur sollicitude, ce qui, avec les délais pour l'examen et les discussions, entraînerait au moins deux mois depuis le jour de la dénonciation du ministre le plus coupable jusqu'à celui de sa mise en accusation.

L'on ne peut s'empêcher de remarquer ici que l'Acte additionnel, si temporisateur lorsqu'il s'agit de la mise en jugement de quelques traîtres envers la nation, n'accorde que dix jours au peuple français pour examiner l'acte important qui doit décider de son sort. Étrange contradiction !

Autant cet acte est minutieux dans ses précautions à l'égard de la mise en accusation des agens du gouvernement, autant il néglige ce qui a rapport à leur jugement; il ne contient pas un mot à cet égard, de manière que ces juges discrétionnaires peuvent encore prolonger indéfiniment l'époque de leur jugement.

Nous le répétons, une telle responsabilité est entièrement illusoire ; et, sans la responsabilité des ministres, il n'y a sûreté ni pour les personnes, ni pour les propriétés, ni pour l'état : presque tout est donc à faire ou à refaire dans cette importante partie de l'Acte additionnel.

Du Pouvoir judiciaire.

L'indépendance du pouvoir judiciaire est une des plus sûres garanties de la sûreté des citoyens et de la liberté publique ; l'on ne peut donc prendre trop de précautions à cet égard. L'article 51 accorde à l'Empereur la faculté de conserver ou de révoquer les juges actuels, même ceux précédemment nommés par lui-même, et ne fixe qu'au premier janvier 1816 l'époque à laquelle ils devront recevoir leur commission à vie.

Ce terme nous paraît beaucoup trop éloigné. N'est-il pas en effet évident que les juges resteront sous l'influence puissante du gouvernement pendant les huit mois qui restent à courir jusqu'à leur nomination à vie, et que l'intention d'exercer cette influence est manifestée par la

longueur du délai fixé pour la nomination dé-
finitive des juges, ce qui, sans cela, serait inex-
plicable, puisqu'ils ont déjà obtenu le choix de
l'Empereur lui-même ; déjà précédemment la
nomination à vie, ordonnée par l'Acte constitutionnel de l'an 8, a été éludée sous différens
prétextes.

Il n'est pas moins important, pour conserver
cette indépendance du pouvoir judiciaire, que
ses membres ne puissent remplir aucune autre
fonction au choix du gouvernement : la faculté
d'être éligible dans les deux Chambres est plus
que suffisante pour les dédommager, sous le
double rapport de l'honneur et de l'intérêt, de
la privation qu'ils éprouveront par cette exclusion, et les justiciables acquerront par là une
nouvelle garantie de l'indépendance de leurs
juges.

L'article 54 dit : Les délits militaires seuls
sont du ressort des tribunaux militaires, et il
résulte de là que des citoyens, accusés de délits
prétendus *militaires*, seront traduits devant des
tribunaux militaires. Pour prévenir ce grave inconvénient, il suffirait d'ajouter après les mots
délits militaires, ceux, *commis par des militaires.*

L'une des prérogatives des plus importantes

et des plus flatteuses de la couronne, est sans doute dans le droit de faire grâce, mais ce droit doit avoir ses bornes quand il s'agit du salut de l'Etat, ainsi que le porte la Constitution anglaise. Les individus accusés et jugés par les Chambres, doivent nécessairement être exceptés de cette faveur, et les Constitutions ne sauraient admettre un pouvoir supérieur à celui des représentans de la nation et des membres de la Chambre des Pairs : autrement le pouvoir qui leur est remis d'accuser et de punir des ministres ou des généraux criminels envers l'Etat, deviendrait nul et dérisoire : l'impunité de ces grands coupables serait désormais assurée, et la vengeance nationale ne pourrait les atteindre, quelle que fût l'énormité de leurs crimes.

Une telle contradiction ne peut subsister, parce qu'elle saperait les bases de l'édifice social.

Droits des Citoyens.

Les malheurs des années qui ont précédé les temps actuels, ayant toujours placé la nation dans un état de choses extraordinaires et souvent imprévues, il en est résulté des mesures et des habitudes destructives de l'ordre et de la propriété. L'une des plus fatales, et qui a été

le plus vivement sentie en France, est l'usage
funeste des réquisitions. Les choses en sont ve-
nues au point que cette mesure, qui rend la
propriété précaire et même à charge, est consi-
dérée aujourd'hui par les agens du gouvernement comme une chose simple et presque ordinaire : le riche et le pauvre ont également été
frappés par ce fléau ; rien n'a été sacré aux yeux
des agens du gouvernement ; les citoyens se sont
vu enlever, ou plutôt ont été contraints par la
force à aller livrer eux-mêmes les grains, souvent même ceux nécessaires à la subsistance de
leur famille ; leurs fourrages, leurs denrées de
toutes espèces, leurs bestiaux, leurs chevaux,
leur linge, leurs serviteurs, et souvent même
leurs personnes pour l'exécution de ces réquisi-
sitions. Ces mesures, et les abus auxquels elles
ont donné lieu, sont un des motifs qui indis-
posent le plus les gouvernés contre les gouver-
nans. Il est également de l'intérêt des uns
et des autres d'y mettre un terme : nous propo-
sons donc, comme un article essentiel et qui mé-
rite de devenir constitutionnel, d'abolir à jamais
les réquisitions ; genre d'impôt qui, sans en avoir
le nom, et sans dispenser des autres, en est le
plus onéreux, et rend l'acquittement des autres
charges impossibles aux contribuables.

Une expérience récente doit faire désirer à la France une garantie contre les abus des privilèges et des prohibitions. Nous avons vu, dans les années qui ont précédé 1814, le commerce intérieur, presque anéanti par la guerre maritime, tourner au profit exclusif du gouvernement ou de quelques individus, au moyen des licences et d'autres inventions destructives de toute industrie commerciale, autant qu'onéreuses à la nation entière. La crainte de voir renouveler des abus aussi crians, nous fait proposer de consacrer par un article constitutionnel le principe de l'abolition de tous privilèges positifs et négatifs : cette garantie intéresse également et la classe industrieuse des commerçans, et les consommateurs, qui forment l'universalité des citoyens.

Parmi les droits des citoyens, il en est un dont il serait juste et utile de leur rendre l'exercice : ce serait celui de constituer eux-mêmes leur régime municipal, par la nomination directe du maire et des membres des conseils municipaux. Par cet exercice d'une faible portion de sa souveraineté, le peuple français s'attacherait davantage à un ordre de choses, dans lequel il prendrait une part active par le choix de ses municipaux. L'on n'y voit aucun inconvénient réel pour tout gouvernement équitable, et ce serait un hommage rendu à cette souveraineté du peuple dont on lui parle tant, et dont il a si peu joui jusqu'à ce jour. Cet objet mériterait sans doute l'honneur de former un article constitutionnel.

L'art. 67 et dernier de l'Acte additionnel est ainsi conçu : « Le peuple français déclare, que « dans la délégation qu'il a faite et qu'il fait de « ses pouvoirs, il n'a pas entendu et n'entend pas « donner le droit de proposer le rétablissement « des Bourbons ou d'aucun prince de cette fa- « mille sur le trône, même en cas d'extinction « de la dynastie impériale, ni le droit de rétablir, « soit l'ancienne noblesse féodale, soit les droits « féodaux et seigneuriaux, soit les dîmes, soit « aucun culte privilégié ou dominant, ni la fa- « culté de porter aucune atteinte à l'irrévocabi- « lité de la vente des domaines nationaux; il « interdit formellement au gouvernement, aux « chambres et aux citoyens toutes propositions « à cet égard. »

Cet article, dont le but est facile à deviner, est incomplet, inexact et attentatoire à la liberté du peuple. Il est incomplet, en ce que le peuple français n'entend pas plus déléguer le droit de proposer le rétablissement des Bourbons, que l'établissement de toute autre famille sur le trône de France.

Il est inexécutable en ce que la génération présente ne peut lier celles qui lui succéderont; il est attentatoire à la souveraineté du peuple, parce que cette souveraineté ne peut être limitée; que de même qu'elle a renversé un trône établi depuis 1400 ans; qu'elle a fondé et détruit une république; que depuis, elle a élevé un empire sur les débris de la monarchie et de la république; qu'elle a souffert le retour de la dynastie de ses anciens rois, et qu'elle paraît admettre en ce moment le rétablissement du chef de l'empire français; cette volonté souveraine et toute puissante pourrait aussi se donner les gouvernemens et les chefs qu'il lui plairait de se choisir, si celui qui s'établit récemment pouvait jamais perdre sa confiance.

Ces principes qui ne peuvent paraître hardis aujourd'hui qu'aux hommes qui sont étrangers à l'esprit du siècle et à la volonté qui se manifeste généralement en Europe, sont ceux proclamés hautement et à plusieurs reprises par l'Empereur Napoléon lui-même, au milieu de l'armée française, en présence des gardes nationales de l'Empire et à la face de l'Europe entière; ce sont ceux de son conseil d'état qui, dans la déclaration de ses opinions, du 25 mars 1815, établit ce grand principe, que « *la souveraineté réside dans le* « *peuple, et qu'il est la seule source légi-* « *time du pouvoir.* »

Comment, d'après l'émission solennelle de ces vérités incontestables, les rédacteurs de l'acte additionnel ont-ils pu les méconnaître au point de vouloir enchaîner les volontés futures du peuple français, lorsqu'il leur est impossible de prévoir les circonstances qui pourront les déterminer ?

Décret du 22 avril 1815, relatif à la présentation à l'acceptation de l'Acte additionnel.

Les articles 1 et 2 de ce décret ordonnent que, deux jours après la réception du Bulletin contenant l'acte additionnel, il sera ouvert des registres aux secrétariats de toutes les administrations des mairies, aux greffes des tribunaux, chez les juges de paix et les notaires, à l'effet de recevoir les votes sur cet acte pendant dix jours, après lesquels l'article 3 prescrit l'envoi du relevé du nombre des votes aux maires, qui le feront passer aux sous-préfets, et ainsi de suite.

Indépendamment de l'extrême brièveté du temps fixé pour les votes, et qui ne permet pas la discussion de cet acte, ces articles offrent plusieurs inconvéniens. La multiplicité de ces registres et de leurs dépositaires s'oppose à ce que l'on puisse contrôler les états des votes, et présente, en même temps la facilité au même individu d'aller voter à la préfecture, à la sous-préfecture, à la mairie, aux tribunaux d'appel, de première instance et de commerce, chez le juge de paix et chez les divers notaires du lieu de sa résidence. Cet abus palpable ne peut laisser aucune confiance aux états des votes qui seront adressés, puisque le même homme pourra voter dix à douze fois sans que l'on puisse, ou que l'on veuille peut-être reconnaître cette fraude.

Le seul moyen, non pas de prévenir, mais de diminuer les abus résultans de cette disposition, serait que chaque dépositaire de registre conservât un double du relevé des votes par lui reçus, et que le ministre de l'intérieur fît imprimer l'état général de ces relevés pour toute la France, par désignation de chacun des registres de chaque département. La publicité de cet état général prouverait au moins à la France que ces relevés ne sont point altérés, puisque chaque déposi-taire serait à même de vérifier l'exactitude du nombre des votes qu'il aurait reçus. Sans cette mesure il serait impossible de contrôler réellement le nombre et la nature des votes.

L'article 6 contient une disposition aussi nouvelle que dangereuse; il porte que l'acte additionnel sera envoyé à l'acceptation des armées de terre et de mer.

On a lieu d'être surpris qu'un principe aussi généralement établi que celui du danger de laisser délibérer les armées, soit violé par ce décret, tandis que la Constitution de l'an 8, qui n'est point à cet égard, modifiée ni par les Sénatus-Consultes, ni par l'acte additionnel, l'a consacré d'une manière solennelle, et par un acte spécial ainsi que l'avaient fait les Constitutions précédentes; l'article 84 de l'Acte constitutionnel de l'an 8 s'exprime en ces termes : « *La force armée est essentiellement obéissante; nul corps armé ne peut délibérer.* » Comment se fait-il qu'après avoir maintenu cet acte en tout ce qui ne lui est pas contraire dans l'acte additionnel, l'une de ses bases les plus importantes se trouve ainsi détruite par un simple décret !

Les dangers du droit de délibération par les armées, sont si frappans, si universellement reconnus, que nous croyons superflu de les développer ici.

Comment en effet concilier la liberté des suffrages avec la discipline militaire? comment ose-t-on
risquer de détruire cette discipline, en introdui-
sant des divisions d'opinions et des partis dans
l'armée, entre les soldats, entr'eux et leurs chefs,
et entre les différens corps qui la composent?
Si les armées de terre et de mer pouvaient être
d'un avis différent que celui de la majorité de la
nation, à quels maux la patrie ne serait elle pas
exposée . . . . nous nous arrêtons, le temps
nous manque, mais non pas les raisons. . . . . .

Puisse, pour son repos, pour celui de la France,
le chef de l'état repousser une mesure qui est une
grande erreur si elle n'est pas un piége perfide qui
pourrait un jour compromettre sa sûreté per-
sonnelle !

Cette mesure est au surplus aussi imparfaite
dans le mode de son éxécution que dangereuse
en elle-même : aucun officier civil n'est appelé
par ce décret pour constater le nombre et la
nature des votes, et les corps doivent seulement
envoyer aux ministères de la guerre et de la
marine, les registres de ses votes. Ne peut-on
pas craindre avec raison que l'opinion des chefs
n'entraîne celle des soldats, ou n'expose l'armée
aux divisions les plus funestes !

Décret du 20 avril, relatif à l'envoi des Commissaires extraordinaires.

Ce décret ordonne l'envoi de Commissaires extraordinaires, dans toutes les divisions militaires qui composent la France entière.

Rien en effet n'est plus extraordinaire ni plus militaire que l'envoi de ces Commissaires.

A leur arrivée, dit l'article 2, ils feront cesser les fonctions des maires, des adjoints, de tous les membres des conseils municipaux, de tous les officiers et commandans des gardes nationales, ainsi que de tous les sous-préfets. Leur mission ne se borne pas là, ils doivent aux termes de l'article 5, procéder au renouvellement des membres des conseils généraux des départemens, et des conseils d'arrondissemens; enfin par l'article 7, ils remplacent tous les fonctionnaires des différentes régies et administrations publiques, qui seraient absens de leurs postes, ou qui ne pourraient, dit l'article, continuer de les occuper.

A quelle époque ce renouvellement universel de toutes les administrations, de tous les fonctionnaires, de tous les employés, et de tous les officiers des gardes nationales est-il ordon é? c'est au moment même où l'on présente à l'acceptation du peuple Français, les bases nouvelles de son contrat social, une mesure aussi extraordinaire et aussi précipitée dans un moment semblable, joint au vague et aux abus qu'offre le mode de voter, fait naître dans l'esprit le moins soupçonneux, les idées les plus étranges; tous les élus du peuple sont renouvelés, sans la participation ni le consentement de la nation !!

Acte Constitutionnel de l'an 8.

Au moment où l'on croit nécessaire de modifier la Constitution de l'an 8, nous croyons devoir présenter quelques observations rapides sur plusieurs de ses articles, dont l'expérience a démontré les inconvéniens.

L'article 4 porte que la qualité de citoyen français se perd par la condamnation, à des peines afflictives ou diffamantes.

Cette disposition aurait de graves inconvéniens dans les temps les plus paisibles; mais après les révolutions successives que la France a éprouvées depuis vingt-six ans, après avoir vu les meilleurs citoyens condamnés à tous les genres de peines et de supplices, ces inconvéniens acquièrent une nouvelle force, et font sentir la nécessité de mettre le droit de citoyen à l'abri des passions et de l'esprit de parti.

Le peuple anglais, si jaloux de sa liberté, vient d'offrir récemment un grand exemple à cet égard. Lord Cochrane, membre de la Chambre des Communes, ayant été condamné à une peine infamante, la cité de Londres l'a réélu, nonobstant cette circonstance pour son représentant à la Chambre des Communes; elle a voulu prouver ainsi que la souveraineté du peuple ne pouvait être entravée ni par l'influence du gouvernement, ni par les jugemens des tribunaux, exemple mémorable d'un peuple justement jaloux de ses droits, qui préfère donner ses suffrages à un homme qu'il n'en croit peut-être pas digne, plutôt que de laisser porter atteinte à l'exercice de ses droits les plus sacrés.

Chez nous, au contraire, la Constitution de l'an 8, article 5, suspend les droits de citoyen français par l'état du débiteur failli, ou d'héritier détenteur de la succession d'un failli.

Ainsi, la loi fondamentale de l'Etat assimile les assemblées politiques à une bourse de commerce. L'on conçoit que l'on éloigne du lieu des transactions commerciales un homme qui n'a pu remplir ses engagemens, par la raison qu'il n'offre plus de sûreté pour en contracter de nouveaux. Mais quel rapport y a-t-il entre le paiement d'une lettre-de-change et l'exercice du droit de citoyen ? Cette disposition devient bien plus injuste encore dans les temps où nous vivons, si l'on considère que les opérations politiques, militaires, financières, commerciales ou fiscales du gouvernement ont amené directement ou indirectement le plus grand nombre des faillites depuis la révolution; qu'enfin, à toutes les époques, les commerçans les plus probes et les plus sages ont été exposés, par des événemens incalculables, à suspendre leurs payemens.

La suspension des droits de citoyen nous paraît ne devoir s'appliquer qu'à l'homme déclaré par jugement failli frauduleux.

La suspension des mêmes droits est appliquée, par l'article précité, à ceux mis en état d'accusation ou en état de contumace : c'est surtout à l'égard de ces individus que nos réflexions précédentes acquièrent toute leur force. Dans des temps de troubles politiques, une multitude de citoyens sont exposés à être mis en état d'accusation ou de contumace.

En éloignant même pour un instant l'injustice qui résulterait pour les individus de la suspension, dans ce cas, de l'exercice de leurs droits de citoyen, cette privation pourrait être nuisible à l'intérêt national et à la souveraineté du peuple, puisque le ministère, plaçant en état d'accusation, ou forçant à devenir contumaces les hommes dans lesquels il aurait mis sa confiance, le peuple trouverait frustré du secours de leurs lumières et de leurs talens.

Il est dans le même acte un article qui porte préjudice aux droits civils des citoyens : c'est le 75me. qui défend de poursuivre les agens du Gouvernement pour faits relatifs à leurs fonctions, sans l'autorisation du Conseil-d'Etat.

Il est évident que le Gouvernement se réserve par là d'être juge dans sa propre cause : les inconvéniens qui en sont résultés pour un grand nombre de citoyens donnent lieu d'espérer que cette disposition sera modifiée, ainsi que le porte l'acte additionnel.

Sénatus-Consultes organiques.

Il nous resterait à examiner les sénatus-consultes organiques ; mais nous avouerons franchement, qu'une grande partie nous en est inconnue, et que le temps ne nous permet pas de compulser les bulletins des lois de plusieurs années dans lesquels ils se trouvent.

Nous savons seulement, avec toute la France, que ces sénatus consultes ont modifié, altéré, et même détruit une partie des dispositions de l'Acte constitutionnel de l'an 8 ; et nous nous applaudissons avec elle, de ce que désormais les Constitutions ne seront plus sujettes à ces variations continuelles, auxquelles la nation ne prenait aucune part, et qui n'avaient jamais été présentées à son approbation, à l'exception de celui qui appelle Napoléon à l'empire.

Observations générales.

Il résulte de l'examen rapide que nous venons de faire, que si l'Acte additionnel présenté à l'acceptation du peuple est admis par lui, la nation française se trouvera régie d'abord par la Constitution de l'an 8, dont une portion est modifiée ou détruite; de plus, par les sénatus-consultes organiques, dont une portion se trouvera nécessairement en opposition avec l'Acte additionnel, et enfin par ce dernier acte lui-même.

On ne peut trop regretter que la précipitation que l'on apporte à la mise en activité de l'acte additionnel, ait empêché de rédiger dans un seul et même acte tout ce qui doit composer les Constitutions françaises ; et, par une contradiction singulière, il va se trouver que les lois civiles, qui doivent dériver des Constitutions,

et qui sont bien plus nombreuses, seront réunies dans un seul code, tandis que le principe
même de ces lois sera disséminé dans un grand
nombre d'actes séparés.

Quelle que soit la nature des circonstances
actuelles, rien ne nous paraît autoriser l'exces-
sive brièveté du temps donné à la nation pour
l'examen des nouvelles dispositions constitutionnelles qui lui sont présentées : la discussion
d'une loi ordinaire entraînerait plus de temps
que celui fixé pour l'examen de cet acte important. Comment donc exiger que les citoyens
votent sur un acte qu'ils n'ont pas le temps
d'examiner, et bien moins encore celui de dis-
cuter ?

Lors de la rédaction du Code civil, l'Empereur a consulté tous les tribunaux, tous les
hommes éclairés de l'empire ; plusieurs d'entre
eux ont même participé à la discussion de ces
lois au sein du Conseil-d'Etat, qui y a employé
un temps considérable. Le souverain lui-même
n'a pas dédaigné de prendre souvent une part
active à ces débats intéressans ; il en a soumis
ensuite le résultat aux législateurs qui l'ont eux-
mêmes mûrement examiné, et il est sorti de
cette masse de lumières un corps de lois qui,
sans atteindre la perfection que la nature semble

avoir refusée aux ouvrages de l'homme, a sur-
passé en sagesse ce que tous les siècles et toutes
les nations ont produit en matière de législation.

Un résultat semblable serait indubitablement
l'effet d'une mesure pareille. Pourquoi donc
circonscrire dans un délai de quelques jours
l'examen des bases du contrat social, lorsque
des années entières ont été sagement et utile-
ment employées à la confection des lois civiles?

Quels avantages la nation et son gouvernement ne retireraient-ils pas d'une discussion libre
et réfléchie des lois constitutionnelles, présentées dans ce moment au peuple français? Quelles
que puissent être les lumières des conseillers du
monarque, peut-on supposer qu'elles puissent
surpasser ou même égaler celles de ce nombre
immense de citoyens qui, depuis vingt-six ans,
se sont familiarisés avec ces matières ?

Mais cet examen et cette discussion seraient
impraticables, si l'on ne réunissait en un seul
corps toutes les dispositions qui doivent désormais former les constitutions françaises.

Quelqu'important qu'il soit pour le peuple
français de connaître le plus promptement pos-
sible les bases des lois qui doivent le régir pour
l'avenir, il y a bien moins d'inconvéniens pour

lui à retarder cette époque de deux mois envi-
ron, terme qui pourrait suffire à l'examen et à la
discussion de ces bases, qu'à les adopter ou rejeter aveuglément.

En effet, si la France n'admettait pas l'Acte
additionnel, le gouvernement ne pourrait-il pas
l'accuser d'avoir rejeté trop légèrement le fruit
de ses méditations; si, au contraire, elle l'adop-
tait, cette précipitation ne fournirait-elle pas
toujours des moyens de le calomnier dans ses
intentions, et de donner à cette acceptation un
caractère pour ainsi dire précaire?

Depuis le retour de l'empereur Napoléon,
l'on a fait circuler dans le public le bruit, qu'une
des nouvelles dispositions constitutionnelles s'op-
poserait à ce que le monarque de la France com-
mandât désormais les armées hors du territoire
de l'Empire.

Cette annonce était d'autant plus vraisembla-
ble, qu'elle eût donné à la France comme à
l'Europe entière une garantie du système paci-
fique annoncé par Napoléon, conformément
aux vœux de la nation; et cependant l'acte additionnel garde le silence à cet égard.

En Angleterre, le monarque et l'héritier pré-
somptif de la couronne ne peuvent pas comman-
der les armées même dans l'intérieur : or, si la

France juge à propos de donner à son chef une grande marque de confiance en lui laissant le commandement des armées, du moins paraîtrait-il sage de circonscrire cette faculté dans les limites du territoire de l'Empire.

Cette stipulation serait pour l'avenir un frein à l'ambition du monarque français; et quant à présent, elle annoncerait à toutes les puissances étrangères l'intention réelle du peuple français et de Napoléon, de ne plus franchir les frontières actuelles de la France. Nous livrons ces réflexions aux méditations de nos concitoyens, ainsi qu'à celles du chef de l'Etat.

Au milieu des vicissitudes politiques dans lesquelles la France s'est trouvée depuis vingt-six ans, il est un rapprochement consolant pour les amis éclairés des principes libéraux; c'est que, malgré les efforts du despotisme, les fureurs de l'anarchie, et les fautes des divers gouvernemens qui l'ont régie, la liberté publique se consolide de plus en plus en France, et paraît vouloir même s'établir sur la surface de l'Europe presque entière. L'esprit des peuples s'est éclairé, leur raison s'est mûrie, les illusions se sont dissipées, et il ne sera plus désormais au pouvoir d'aucun gouvernement de faire rétrograder l'esprit humain, qui, semblable au temps, a une marche insensible , mais que rien ne peut arrêter.

La rivalité qui existe depuis si long-temps entre la France et l'Angleterre, ne doit pas nous empêcher de reconnaître que la France et l'Europe doivent en partie ce bienfait à l'exemple que lui a offert le peuple anglais. Nous saurons sans doute profiter des avantages qu'offrent les institutions de ce peuple, et éviter les inconvéniens qu'elles peuvent avoir. Déjà la charte royale et l'acte présenté en ce moment au peuple français ont reconnu les grands principes sur lesquels repose la liberté publique ; savoir : la liberté de la presse, qui, tant qu'elle existe, est une digue insurmontable pour le despotisme ; et l'établissement de deux chambres, qui présentent la meilleure garantie aux prérogatives de la couronne et à la liberté des peuples.

La responsabilité des ministres, sur laquelle on ne peut trop appeler l'attention publique, est aussi la double égide du monarque et de la nation; elle les préserve l'un et l'autre des suites des fautes de ces agens, en faisant retomber sur les coupables seuls la peine de leurs crimes ou de leur impéritie, sans que l'amour des peuples pour le monarque en soit altéré; problême politique difficile à résoudre, et qui ne peut l'être que par *la réalité* de cette responsabilité.

Pourquoi faut-il que ces bases de toute liberté publique se trouvent sapées, dès leur origine, par les vices nombreux et les graves inconvéniens que présentent en foule l'Acte additionnel et ceux y relatifs? Nous croyons nécessaire d'en réunir ici les principaux, afin d'en mieux faire juger l'ensemble.

Acte additionnel.

1°. La multiplicité des actes qui doivent former les constitutions, et le doute qui règne sur ceux qui doivent rester en vigueur, entraînent une confusion qui laisse le champ de l'arbitraire ouvert aux ministres, et rend incertaines la marche du gouvernement et la conduite des citoyens.

2°. L'obligation par la chambre des représentans, de soumettre la nomination de son président à l'approbation de l'Empereur, la place directement sous l'influence ministérielle.

3°. La liberté des opinions et des suffrages dans les deux chambres ne saurait exister sans la déclaration constitutionnelle, que leurs membres ne pourront, dans aucun temps, être recherchés à ce sujet.

4°. Le gouvernement conserverait encore une

influence non moins puissante sur les représentans, par les faveurs de tout genre qu'il pourrait
dispenser à ceux qu'il voudrait séduire, tant qu'il
ne sera pas prescrit formellement, que, pendant
leur session, les représentans ne pourront ac-
cepter du gouvernement ni pension, ni honneurs,
ni places autres que celles de ministres d'Etat,
sauf à faire récompenser par la nation ceux de
ses représentans qu'elle en jugera dignes.

5°. L'initiative des lois uniquement réservée
au gouvernement, paralyse les deux chambres,
et met le sort de l'état dans la main seule de son
chef.

6°. Le droit accordé aux membres de la Lé-
gion-d'Honneur, indistinctement, de faire partie
des colléges électoraux, est un véritable privi-
lége, qui fournit au ministère la facilité d'influencer les nominations confiées aux colléges
électoraux, et même de s'en assurer à son gré.

7°. Ces mêmes assemblées sont encore pla-
cées sous l'influence du gouvernement, par la
nomination à son choix d'un pair comme président à vie de chacune d'elles.

8°. L'Acte additionnel stipulant qu'en cas de
dissolution de la chambre des représentans, les
impositions votées dans la session précédente,
sont continuées jusqu'à la nouvelle réunion de la

chambre, et le même acte attribuant au gouvernement la faculté d'un délai de six mois pour une nouvelle convocation, il s'ensuit que l'impôt, qui ne doit être voté que pour un an, subsistera, dans ce cas, pendant dix huit mois, indépendamment du temps nécessaire pour la proposition et la discussion de l'impôt nouveau.

9°. Ce même Acte dit bien qu'aucune levée d'hommes pour *l'armée* ne peut être ordonnée qu'en vertu d'une loi; mais le silence qu'il garde sur les gardes nationales, laisse toujours au gouvernement le moyen de disposer de la totalité de la population mâle de la France, en les mettant à la disposition du ministre de la guerre, ainsi que nous l'avons vu il y a peu de jours à l'égard d'une partie considérable de l'Empire.

10°. L'omission faite dans cet Acte et dans tous ceux précédens, de la fixation du temps du service militaire, met à la disposition du gouvernement tous les guerriers qui composent nos armées pendant leur vie entière.

11°. La responsabilité des ministres, objet si important, et qui est la seule garantie du peuple, est entièrement éludée par l'Acte additionnel, soit par les longueurs affectées exigées pour leur mise en accusation, soit par l'omission du mode de leur jugement, soit encore par la latitude indéfinie accordée à la chambre des pairs, droit inouï; soit enfin par le droit de faire grâce attribué au monarque sans aucune exception, et qui lui laisse conséquemment la faculté de l'appliquer aux ministres condamnés, quelque coupables qu'ils puissent être envers la nation.

12°. L'époque du 1er janvier 1816 fixée pour la nomination à vie des juges, laisse jusque-là tous les tribunaux de l'Empire sous l'influence puissante du gouvernement, par la crainte que les juges pourront avoir de n'être pas confirmés dans leurs fonctions s'ils n'agissent pas dans le sens du gouvernement.

13°. L'extrême facilité d'abuser du système des réquisitions, rend son abolition indispensable : elle seule peut assurer la propriété des Français.

14°. Le droit que le gouvernement a exercé jusqu'ici de nommer par lui-même, ou par ses agens, les maires et municipaux de toutes les communes de l'Empire, prive la nation de celui de les choisir directement, et d'exercer ainsi le seul acte de souveraineté qui n'offre pas d'inconvénient.

15°. La restriction que le dernier article de l'Acte additionnel met à la souveraineté du peuple, est également injuste et impraticable, puisque les générations futures ne sauraient être liées par celle présente.

Décret du 22 avril, sur la présentation de l'Acte additionnel.

16°. Le terme de dix jours fixé pour l'adoption de l'Acte additionnel, rend impossibles son examen et sa discussion : or y a-t-il liberté dans l'adoption d'un acte qu'on n'a pas le temps d'examiner?

17°. La présentation aux armées de terre et de mer de l'Acte additionnel, avec la faculté de l'adopter ou de le rejeter, est le renversement des principes de tout ordre social.

Décret du 20 avril, sur l'envoi de Commissaires extraordinaires.

18°. L'envoi de commissaires extraordinaires et les pouvoirs immenses dont ils sont revêtus, sont une véritable dictature qui va être exercée dans toute l'étendue de l'Empire français, et au même instant ; la cessation, à leur arrivée, des fonctions de presque tous les fonctionnaires et employés civils, et de la totalité des officiers de tout grade des gardes nationales de la France, et cela dans l'instant ou l'Acte additionnel est présenté à l'acceptation de la nation, est une mesure aussi impossible à expliquer, qu'elle est injurieuse à la souveraineté du peuple, auquel on enlève sans son consentement, même sans prétexte, les magistrats de son choix et les citoyens honorés de la confiance des gardes nationaux.

Constitution de l'an 8.

19°. Cette Constitution, dont la plus grande partie est détruite par les différens sénatus-consultes organiques, ou par l'Acte additionnel, renferme cependant encore des articles dont la modification ou la suppression est essentielle, tels que ceux par lesquels les droits de citoyen sont perdus ou suspendus dans certains cas, ainsi que nous l'avons expliqué plus haut, et celui qui défend de poursuivre les agens du gouvernement, sans l'autorisation du Conseil-d'Etat.

20°. Les dangers pour le repos, la sûreté et la liberté de la France, du commandement des armées par le monarque, même hors du territoire français.

21°. Et enfin le droit inhérent à la souveraineté du peuple de choisir ou confirmer son chef, lorsqu'il souscrit un nouveau pacte, se trouve éludé par l'Acte additionnel, qui suppose que l'Acte constitutionnel de l'an 8 n'a pas cessé d'être en vigueur.

Tels sont les articles principaux des objections que l'examen rapide des actes destinés à former le nouveau contrat de la société française, offertes à notre esprit; elle sont si nombreuses et nous semblent si puissantes, qu'on se demande comment un gouvernement peut présenter à un peuple éclairé un acte aussi imparfait et aussi dangereux dans une multitude de ses dispositions.

Pour trouver le mot de cette énigme, il faut dire franchement la vérité, ou du moins ce qui paraît l'être, jusqu'à l'évidence. La supposition que l'Acte constitutionnel de l'an 8 n'a jamais cessé d'exister, ainsi que les sénatus-consultes organiques, nous paraît avoir pour but principal d'éluder l'exercice du droit inhérent à la souveraineté du peuple d'élire ou de confirmer le choix du chef de l'Etat. C'est à ce motif puissant que l'on doit le maintien de cette multitude d'actes qui formeraient les constitutions de l'empire ; c'est l'expédient le plus sûr qu'ont trouvé les conseillers du prince pour ne pas s'exposer à l'incertitude qu'ils ont supposé dans le choix du peuple, afin de ne pas compromettre

le crédit et l'autorité dont ils jouissent person-
nellement dans ce moment.

Mais comment ces hommes qui, à diverses
époques , ont montré un esprit si fécond en res-
sources, n'en ont-ils pas trouvé dans cette circonstance importante de plus convenable à l'é-
quité , et à la générosité de leur prince et à la
majesté du peuple français? Chaque jour ils ont
à la bouche les mots de souveraineté du peuple
et de liberté, chacun des actes émanés du gouvernement, depuis le retour de Napoléon , contient les protestations les plus solennelles de ne
reconnaître de légitimité que celle qui résulte
du choix libre de la nation; tous les échos du
gouvernement répètent à l'envie les reproches
adressés à Louis XVIII d'avoir méconnu ce
grand principe , et cependant par l'acte additionnel il est évidemment éludé; or, n'est-ce point
arriver au même but que d'éluder ou de m'écon-
naître un principe ? Comment les rédacteurs de
cet acte n'ont-ils pas senti que Napoléon double-
rait sa puissance en la corroborant par les nouveaux suffrages du peuple français? Comment
n'ont-ils pas vu que cette preuve de la confiance
nationale dans son chef serait la plus incontes-
table aux yeux de l'Europe et de la postérité. Si ,
malgré ce témoignage authentique du vœu de la

majorité des Français pour le chef qu'ils se seraient donné, si les puissances étrangères persis-
taient dans leurs dispositions hostiles, quelle
force cet élu suprême du peuple ne trouverait-il
pas dans les millions d'hommes qui l'auraient
une seconde fois revêtu de la pourpre impériale ?

Alors les souverains ne pourraient plus dire
à leur peuple de s'armer pour expulser celui
qn'ils traitent d'usurpateur ; ils ne pourraient
plus le séduire en leur annonçant qu'ils mar-
chent au secours de la nation française elle-
même, puisque cette nation prouverait, de la
manière la moins équivoque, et par l'acte le
plus solennel, qu'elle veut être gouvernée par
Napoléon à l'exclusion de tout autre.

Conclusion.

L'intérêt du peuple Français et celui de Napoléon lui-même se réunissent, à nos yeux. 1°. Pour
que l'acte additionnel soit examiné et discuté librement, au moyen de la lbierté de la presse, et
dans une assemblée vraiment *nationale*, convo-
quée *ad hoc*. 2°. Que toutes les dispositions
Constitutionnelles soient réunies dans un seul et
même acte. 3. Que l'acceptation de celui qui

aura été arrêté par cette assemblée d'accord avec l'Empereur, soit proposée au peuple avec les délais et les précautions convenables, pour que cette acceptation soit raisonnée, et ne puisse être soupçonnée d'aucune influence de la part du gouvernement.

Nous croyons avoir rempli nos devoirs de citoyen, en exerçant le droit d'émettre librement notre opinion, dans une circonstance où il s'agit de l'honneur et du bien-être de la patrie, autant que de la sûreté de la personne et des biens de chaque français.

PIÈCES JUSTIFICATIVES.

Traité conclu à Paris, le 11 avril, entre l'Empereur Napoléon et LL. MM. I. et R. les Empereurs de Russie et d'Autriche, et le Roi de Prusse.

Art. Ier. S. M. l'Empereur Napoléon renonce, pour lui et ses successeurs et descendans, ainsi que pour chacun des membres de sa famille, à tout droit de souveraineté et de domination, tant sur l'empire français et le royaume d'Italie que sur tout autre pays.

2. LL. MM. l'Empereur Napoléon et l'Impératrice Marie-Louise conservent ces titres et qualités pour en

jouir leur vie durant; la mère, les frères, sœurs, neveux et nièces de l'Empereur conserveront également, partout où ils se trouveront, le titre de princes de sa famille.

3. L'île d'Elbe, adoptée par l'Empereur Napoléon pour le lieu de son séjour, formera, sa vie durant, une principauté séparée, qui sera possédée par lui en toute souveraineté et propriété. Il sera donné en outre en toute propriété à l'Empereur Napoléon un revenu annuel de deux millions de francs en rentes sur le grand-livre de France, dont un million reversible à l'Impératrice.

4. Toutes les puissances s'engagent à employer leurs bons offices pour faire respecter par les Barbaresques le pavillon et le territoire de l'île d'Elbe, et pour que, dans ses rapports avec les Barbaresques, elle soit assimilée à la France.

5. Les duchés de Parme, Plaisance et Guastalla seront donnés en toute propriété et souveraineté à S. M. l'Impératrice Marie-Louise; ils passeront à son fils et à sa descendance en ligne directe. Le prince son fils prendra, dès ce moment, le nom de prince de Parme, Plaisance et Guastalla.

6. Il sera réservé dans les pays auxquels l'Empereur Napoléon renonce, pour lui et sa famille, des domaines, ou donné des rentes sur le grand-livre de France, produisant un revenu annuel net, et déduction faite de toute charge, de 2,500,000 fr. Ces domaines ou rentes appartiendront en toute propriété, et pour en disposer comme bon leur semblera, aux princes et princesses de sa famille, et seront répartis entre eux de manière à

çe que le revenu de chacun soit dans la proportion sui-
vante, savoir : à madame Mère, 5oo,ooo fr. — Au roi
Joseph et à la reine, 5oo,ooo francs. — Au roi Louis,
2oo,ooo francs. — A la reine Hortense et à son enfant,
4oo,ooo fr. — Au roi Jérôme et à la reine, 5oo,ooo fr.
— A la princesse Elisa, 5oo,ooo fr. — A la princesse
Pauline, 5oo,ooo fr. Les princes et princesses de la famille de l'Empereur conserveront en outre tous les biens,
meubles et immeubles, de quelque nature que ce soit,
qu'ils possèdent à titre particulier, et notamment les
rentes dont ils jouissent également comme particuliers
sur le grand-livre de France ou le Mont-Napoléon de
Milan.

7. Le traitement annuel de l'Impératrice Joséphine
sera réduit à un million en domaines ou en inscriptions
sur le grand-livre de France. Elle continuera à jouir en
toute propriété de ses biens, meubles et immeubles
particuliers, et pourra en jouir conformément aux lois
françaises.

8. Il sera donné au prince Eugène, vice-roi d'Italie,
un établissement convenable hors de France.

9. Les propriétés que S. M. l'Empereur Napoléon
possède en France, soit comme domaine extraordinaire,
soit comme domaine privé, resteront à la couronne.
Sur les fonds placés par l'Empereur Napoléon, soit sur
le grand-livre, soit sur la banque de France, soit sur
les actions des forêts, soit de toute autre manière, et
dont S. M. fait l'abandon à la couronne, il sera réservé
un capital qui n'excédera pas 2 millions, pour être employé en gratifications en faveur des personnes qui seront portées sur l'état que signera l'Empereur Napoléon,
et qui sera remis au gouvernement français.

10. Tous les diamans de la couronne resteront à la France.

11. L'Empereur Napoléon fera les versemens au trésor et aux autres caisses publiques de toutes les sommes et effets qui auraient été déplacés par ses ordres, à l'exception de la liste civile.

12. Les dettes de la maison de S. M. l'Empereur Napoléon, telles qu'elles se trouvent après la signature du présent traité, seront immédiatement acquittées sur les arrérages dus par le trésor public à la liste civile, d'après les états qui seront signés par un commissaire nommé à cet effet.

13. Les obligations du Mont-Napoléon à Milan envers tous ses créanciers, soit français, soit étrangers, seront exactement remplies, sans qu'il soit fait aucun changement à cet égard.

14. On donnera tous les saufs-conduits nécessaires pour le libre voyage de S. M. l'Empereur Napoléon, de l'Impératrice, des princes et princesses, et de toutes personnes de leur suite qui voudront les accompagner ou s'établir hors de France, ainsi que pour le passage de tous les équipages, chevaux et effets qui leur appartiennent : les puissances alliées donneront en conséquence des officiers et des hommes d'escorte.

15. La garde impériale française fournira un détachement de 12 à 1,500 hommes de toutes armes, pour servir d'escorte jusqu'à St.-Tropez, lieu de l'embarquement.

16. Il sera fourni une corvette armée et les bâtimens nécessaires pour conduire, au lieu de sa destination, S. M. l'Empereur Napoléon ainsi que sa maison ; la corvette demeurera en toute propriété à S. M.

17. S. M. l'Empereur emmènera avec lui, et conser-
vera pour sa garde, 400 hommes de bonne volonté, tant
officiers que sous-officiers et soldats.

18. Tous les Français qui auront suivi S. M. l'Empereur Napoléon ou sa famille seront tenus, s'ils ne
veulent pas perdre leur qualité de Français, de rentrer
en France dans le terme de trois ans, à moins qu'ils ne
soient compris dans les emplois que le gouvernement
français se réserve d'accorder après l'expiration de ce
terme.

19. Les troupes polonaises de toutes armes qui sont
au service de France, auront la liberté de retourner
chez elles, en conservant armes et bagages, comme un
témoignage de leurs services honorables ; les officiers,
sous-officiers et soldats conserveront les décorations qui
leur auront été accordées, et les pensions affectées à ces
décorations.

20. Les hautes puissances alliées garantissent l'exécution de tous les articles du présent traité ; elles s'engagent à obtenir qu'ils soient adoptés et garantis par
la France.

21. Le présent traité sera ratifié, etc.

Suivent les signatures.

---

*PROCLAMATION publiée le 4 mai 1814, par le
général Delesme, commandant de l'île d'Elbe.*

HABITANS DE L'ÎLE D'ELBE,

« Les vicissitudes humaines ont conduit au milieu de
vous l'Empereur Napoléon, et son propre choix vous
le donne pour souverain. Avant d'entrer dans vos murs,

votre auguste et nouveau monarque m'a adressé les paroles suivantes, que je m'empresse de vous faire connaître, parce qu'elles sont le gage de votre bonheur futur.

« Général, j'ai sacrifié mes droits aux intérêts de la « patrie, et je me suis réservé la propriété et la sou- « veraineté de l'île d'Elbe. Toutes les puissances ont « consenti à cet arrangement. Faites connaître aux ha- « bitans cet état de choses, et le choix que j'ai fait de « leur île pour mon séjour, en considération de la dou- « ceur de leurs mœurs et de leur climat ; dites-leur « qu'ils seront l'objet de mon intérêt le plus vif.... »

« Habitans de l'île d'Elbe, ces paroles n'ont pas besoin de commentaire ; elles formeront votre destinée : l'Empereur vous a bien jugés ; je vous dois cette justice, et je vous la rends.

« Habitans de l'île d'Elbe, je m'éloignerai bientôt de vous : cet éloignement me sera pénible, parce que je vous aime sincèrement ; mais l'idée de votre bonheur adoucit l'amertume de mon départ ; et, en quelque lieu que je puisse être, je me rapprocherai toujours de cette île par le souvenir des vertus de ses habitans. »

Le général de brigade Delesme.

Porto-Ferrajo, 4 mai 1814.

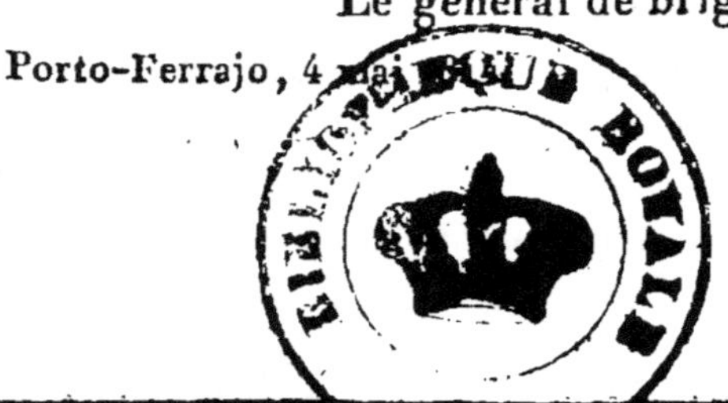

ADRIEN EGRON, IMPRIMEUR

rue des Noyers, n°. 37.